Christian Barsch • BRACK

Christian Barsch

BRACK

Merkwürdige Sprüche und Berichte

(Gedankenbildersammlung)

FRIELING

Von Christian Barsch erschien im Frieling-Verlag Berlin bereits das Buch „Hotel an der Brücke“ (ISBN 978-3-8280-3321-4).

Bibliografische Information der Deutschen Nationalbibliothek
Die Deutsche Nationalbibliothek verzeichnet diese Publikation in der Deutschen Nationalbibliografie;
detaillierte bibliografische Daten sind im Internet
über http://dnb.d-nb.de abrufbar.

Eine Marke der Frieling & Huffmann GmbH & Co. KG
Rheinstraße 46, 12161 Berlin
Telefon: 0 30 / 76 69 99-0
www.frieling.de

ISBN 978-3-8280-3362-7
1. Auflage 2016
Umschlaggestaltung: Michael Reichmuth

Turm und Schurk
Wurm und Burg
Sturm

B.

Das erste Viertel

1 – 169

Burg   Nebst Überlegungen

Dunkles Wesen im Gitterkäfig aus Lichtstäben

Gleich schwer abgehendes Rad oder die kranke Kuh wie
detonierende Bomben oder ein sterbender Verwandter

Gepflegte Unterhaltung
Zwei Weltkörper im Raum lassen ihre Winde wehn
Sonst haben sie nichts zu sagen

Zerhackte Stille
Herzuhren schlagen aus ihrem Unruhhinundher
Bis es zerbricht

Menschen mit Nichtnormalmaß allgemeinen *5*
Werkzeugkastens Störenfriede

Schornsteine umdrehn
Den Rauch in die Seelen ihrer Erbauer leiten

Melodieaufwärtsabwärts über dem Graufaden Monotonie
Weltensteigenfallen über schwarzem Nurnochnicht
Nur Nochnicht
Nurnoch Nicht

Er hat keinen Namen bislang
Sitzt in der Burg die er sich aus dunklen Gedanken
gebaut hat auf dem Fels seiner Verwurzelung
Blickt hin in Weltwirr
Was soll all das Dunkel um mich her
Aber ich lieb es

Jetzt weiß ers sein Name ist Brack
Darf endlich das wovon er vordem nichts wußte
Was er später nicht mehr will

Herr Duden kann manch Kluges lehren
Mag Frag den Namen Brack erklären

Vor alten Kauzes Augen läuft grauer Film ab

Wie man hörte wird das Leben tot sein
Der Tod wird ewig leben

Alle Toten fühlen nicht wie schön still und
  schmerzlos ihr nun neues Leben ist
Bedauerlich

Lieb Traute Kränzlein oder Schnecken vor den Ohren
Niedlich auf Männerfang auch wenn sies nicht denkt
Muß doch ihre Art fortsetzen

Brack sieht sie da im Abendlicht liegen unter den
  Wolkenflügeln der Nacht
Ist sein Zuhause die Burg mit den zwei Türmen
Möchte nichts andres mehr wünschen

Bilder zum Markt getragen mit zaghaften Händen vor
  zuckendem Herzen
Die da herumgehn die da herumstehn sind alles
  Händler

Welt zerquert von unzähligen Straßen
Am Rand ohne Weg zu ihr Bracks Burg

Weiße Kumuli ziehn über blauheitren Himmel manche
  leicht dunkler
Zeichen fernleisen Unmuts
So still wünscht Brack sich die drangvolle Welt

Mögen wir Schrullen pflegen Steckenpferde reiten
Wenns verständliche liebenswerte sind die andern
  nicht wehtun

Als er sich nun spiegelte entdeckte er Züge die
  ihn an seinem Vater nicht gefreut hatten

Brack sah die vielen hellüberzeugten Gestalten im
  erbarmungslosen Licht
Mochte nicht mehr aus seinem Schatten
  heraustreten aus seiner Burg
Mocht es nicht mehr

Wer das Metier kennt
Ein gebranntes Kind

Was die Parteien reden
Alles begründbar wenig ergründbar
Teufel hält sich die Seiten vor Lachen

Auf dem Boden der Wirklichkeit Heere von Lebewesen
Mußt rösselspringen um kein einzeleinziges zu
  zertreten

Bracks Heimweg durch die abendliche Stadt
Wie schön
Drüber steht reglos Trauer

Werktagsflüchtig siehts Spiegel
Brack feierschreibts sonntags ins Buch
Noch nach Jahren niemand liests

Brack sieht
Unser Leben freudegesprenkelt wie Sonne durch
  Blätter blitzt
Doch oft viel Wolken über viel Blättern

Stille Wege geht er
Mag sich nicht fangen lassen vom Netz der
  Zwecklogik

Brack sieht
Der Mensch der sich im All auskennt
Von der Erde hat er keine Ahnung

Fühlte beneidenswert viel Kraft in sich
Aber würde auch schweres Sterben haben

Tuch und Metall Motten und Rost
Brack spricht das K seines Namens
  selbstzerstörgenießerisch vor sich hin

Ein andres dem Objekt als strebender Sucher oder
  als wissender Sünder gegenüberstehn

Sein Traumspiegelbild leidet an Erfolgserlebnissen

Auf der Welt so viel Fortschritt
Was spielts für eine Rolle wenn Brack nicht mittut

Himmel zeigt sein trübstes Gesicht heute
Weint über die Erde
Ihre Verfehlungen ihren Weg
Mitfühlendem Trost

Großer Zorn
Stillsichres Trostbild mit großer Schramme
Sehr schlimm
Ein Hauch von Selbstzertrümmrung

Zu sehr auf eine Seite der Bank an den Rand gesetzt
Sie kippt hoch den nun Fallenden zu Boden

Wer nicht Idealbaumeister zu werden versteht oder
  auf dem Weg dahin
Gelte als Schädling Schmarotzer auf Erden
Unbefriedigt in Leib und Sinn

Umunsher außer Maß
Was solln hier altgute Metren

Wer die Welt aufnimmt aber nicht verdaut kann
  kein offen freundlicher Mensch sein denkt Brack

Exkremieren erleichtert
Freilich häßliche Beschäftigung
Der Welt Schlechtes geben

Prophetenwahrheit gilt nichts
Wenn des Propheten Gesicht zu nah ist

Daß wir noch einmal sein könnten wie Vöglein in
  Sommermorgenfrühe unter schattenden Bäumen

Solange nichts kommt darfst du Hoffnung haben
Sagt einer zu Brack

Mut machen wo die Sache verloren sieht Brack
Die rechte Lebensweise

Keine Neuheiten weltmäßig
Dennoch wers erstmalig sieht
Brack auch

Der Herr blickt herab auf die Erde
Sieht von Grillen zerfressene Köpfe

Sitz vor den Blumen den Bäumen
Jedes hat still seinen Platz
Sinnlos Menschgerenne

Schweigende Wunschlosigkeit vor drohenden Leiden
Nach endlosen Irrsalen
Schließlich Dankbarkeit und dann der Tod
Brack bedenkts wohl

Gemüt in der Waage
Gibts nichts zu berichten

Menschzusammenleben
Viel Fragwürdigkeit

Brack trifft eine alte Freundin samt Vetter
Tauft sie Frau Ruf und Der Schildermaler
Hat möglicherweise Pläne mit ihnen

Grautuchener Himmel schwarzarabeskenübergeistert
Beim Handwaschen das Gefühl keine Hände zu haben
Er liebt den Geruch aus alten Büchern und alten Uhrgehäusen
Aufsteigend

Tätigkeitstrunkne Tage
Tragik nachdenklicher Nächte
Hindurch schwebt Musik der Klassik
Kraftgoldnes Band
Machtlos

Zwischen nadellos hängenden Tannenästen in rauchgrauen Nebeln verschwindend gebeugte Krüppelgestalt
Auf Nimmerwiedersehen
Wer ists

Lang die Zeit fröhlicher Phantome
Schleier freundlicher Vordergründigkeit
  schließlich dünner
Brack nunmehr umringt von härteren Umrissen

Silberne Mondfluten die Welt ins rechte Licht hüllend

Antennen Telefonate
Schleifen der Wellen schlingt er um sich
Nicht Ziffern wie viele tun

Brack gedenkt seiner fröhlichen Phantome
Schöne Zeit
Während andre Grimassen sich injizieren die mehr
  und mehr zu Katzen geraten
Sanftwärmende Felle draus aber gierige Krallen
  und Zähne
Lüsternheit zerfleischend
FPh tatens nie werdens niemals tun

Blumen im Dunkeln
Von den Burgzinnen die Nachtgöttin anbeten
Was sagt Frau Rose zu seinen Weltlein
Die liebe Frau Rose

Da der Experte für fließende Wörter und Sätze
  nicht kommt bald wieder unmoderne Striche und
  Punkte einfügen
Gliedern

Extrakte helfen nichts
Wo Einsicht fehlt in ihre Gewinnung

Trost aus Gutgeschautem Gutgemaltem für Brack

Brack weiß klar jetzt
Niemand fragt nach ihm
Sagt nichts
Klagt nicht

Baggermonstren fressen goldne Ährenfelder weg
Weg für Luxusbeleuchtung

Seltsamgedankenlandschaft kann sagen Brack ist
  hiergewesen

Was wißt ihr schon denkt Brack
Von den Bildern vor meiner Seele

Träumte ihm
Einer ein Stutzer in Kniehosen und
  Spitzenmanschetten kratzfußte vor ihm
Sagte Monsieur Braque
War aber keine Freundlichkeit

Jeder kanns immer dissonanter als der vorher
Wo landen wir da

Durch viele Köpfe
Wird der Wind gebrochen
Oder geschärft

In Papierfetzen warn drohende Gesichter auszumachen

Werden sich gewöhnen sollen verbranntes Brot zu
  essen
Sich mit der Rolle abfinden müssen die zu spielen
  sie unter die Sterne gesetzt sind

Stimmengetön durch die Nacht unter den Bäumen hin
Jede unverwechselbar wie kein Blatt dem andern
gleicht

Mensch kannst nur leben wenn du des schlimmen
Sterbens ringsum nicht achtest

Bracks Nächte immer mehr erfüllt
Von fiebertraumhaft schlecht oder nicht
aneinanderpassenden Beständen Gegenständen
Zuständen

Sich einmischen um sich nichts vorwerfen zu müssen
Sich nicht einmischen um sich nichts vorwerfen zu
müssen

Brack alt und kurzsichtig
Schaut aus seiner Burg über die Lande hin
Nach wie vor alles veränderlich
Nichts geändert

Er sieht eine Flucht von Stühlen
Drauf niemand jemals saß
Niemand je sitzen wird
Für wen ewigkeitsgeplant

Wer ist arm
Kommt immer drauf an wer bedauert werden soll

Interessiert ihn mehr was Menschen tun Menschen
sind
Vielleicht weil er selbst Mensch ist nicht Pflanze
Tier

Wenn du gleich überm Einzelnen das Gesamt vergißt
Freu dich der Kleinigkeiten
Wie bald wird dein Fünkchen ertrinken im Wachs

Schnell verloren die Tage
Brack versucht Bleibendes draus zu ziehn
Wo freilich soll es bleiben
Keines Winkels kleinstes Echo

Einer rechnet redet in Sternen der andre in Kaffeetassen

Brack sieht
Der Stadt am Meer schöne Silhouette verschandelt
Industrieinteresse Geldgierwüsten

Brack am Meer des Seins das nur sein will ohne gute Moral
Weit seine abgelegne Gedankenburg
Über der grauen Fläche Gedanken von bisher ungekannter Menschenferne

Nachts in schwarzem Zimmer liegend
Welch Sehnsucht nach der einzelnen Laterne hinter seinem zwischenaufenthaltlichen Haus

Brack sieht
Das Seinsmeer Grauwellen ohne Seele
In gleißendem Licht
Mitunter Gewoge von Grauen

Tier weiß nicht wozu es da ist
Mensch im Grund auch nicht
Sollst Positionslichter aufstecken sagt Brack
Und Menschenkurs steuern

Zerklüfteter Himmel
Flatternde Fahnen
Gedanken aufsammeln

Raspelnde Schläfer
Traumrolle freilich nicht glatter

Buchwelten
Fremdwirre Zimmer einige
In kalkigem Licht furchtnachtnah
Brack mag nicht leben drin
Andre freundmild
Herzoffen fast

Erfindungen ja
Aber Blechlöffel Federkissen Feuerhaken Dachziegel sind Weltliteratur sinnt Brack
Und Mistgabeln

Ohren anlegen des Zeitwinds wegen meint Brack
Oder ausstellen um vorzuschnellen

Himmel wie am Tag der Erschaffung der Welt sieht Brack
Helle Tore im Wolkengewoge
Weiße Fenster in brodelndem Dom
Lichtstrahlenbündel tastend aufs Meer gleich Regenschwaden
Geist Gottes über den Wassern Erd wüst und leer
Phantastisches Riesentheater
Welch Premiere

Vielumtanzten Goldnen Kalbes schließliche Schlachtung
Zu Ehren von wessen Wiederkehr

Spinne spannt ihr Seil
Mensch hat sein Denken
Was macht er damit

Grobheit kennt Feinheit kaum
Umgekehrt wohl

Putz nicht die Brille zu oft rät Brack
Zuviel Stäubchen

Brack wägt
Gutes Auto
Besser guter Gedanke
Lack und Chrom
Schöner Steine und Muscheln

Verlorne Unschuld
Vom gewonnenen Geist nicht wegzuleugnen
Versteckt euch

Suchen ist gut
Finden besser
Bewahren die Krone

Rauschen des Seinsmeers verschlingt Rauschen
einzelnen Blutes

Grauer Abendhimmel
Herbstwind
Grillenkonzert im Dünenstrandgras
Einsame Maus wegüber huschend
Brack angesprochen

Rauchzeichenwehn überm Wegwirr
Menschheit deutets nicht

Nach langer Fahrt wieder zu Hause
Er schließt die Tür seiner Gedankenburg hinter sich zu
Frau Rose schwebt durch die Zimmer
Freundlichkeit

Glückliches Leben
Wenn Ende zum Anfang zurückfindet

Wer wird je sehn nach Bracks Papieren in dunkler Burg
Wind wird drüber gehn und Regen
Und die Nacht

Uns bleibt immer Hoffnung auf Glück
Daß es nie kommen möge

Welt hellaußen dunkelinnen
Brack hats einheitlich
Schweres Umihn und Inihm

Vergleicht sagt Brack rasendes Auto mit regentropfendem Baum

Was nützt dem Sohn Liebe der Mutter wenn ihn Welt nicht mag
Was nützt seinen Papieren Bracks Liebe

Großes inneres Gleichgewicht abhängig vom kleinen äußeren
Oder Klein von Groß

Brack schmerzt
Bilder unter nächtlichen Sternen vom grauen Morgen verschlungen

Zeit eine Rolle Pflaster
Wunden und Träume eingeklebt

Zeit eingerollter Film
Lichtgeborne Buntheit in Blechschachteln
gesargt
Manche davon verstaubt unterm Dach von Bracks Burg

Brack nachts starrt wach in Schwärze um ihn in ihm
Helle Mittelsätze klassischer Konzerte streifen
die verängstigte Seele
Milder Geister Flügel
In bessere Reiche weisend

Schlaf fällt in rote Feuer der Schmerzen wie
schwarzer Schnee

Unverloren wenn eine Stimme freundwilliges Ohr findet
Über Schlachtordnungen von wilden bis an ihre
Wirrhaare bewaffneten Geräuschteufeln

Seelseismograph
Alles sinkt in Schlaf
Was solls

Brack liebt das wertschöne Wort mit allen Fasern
Wirds immer lieben

Er denkt an den Sohn Rosbrack
Daß er hinausfände aus lauter Rauheit
Hinein in des Geistseins Weite

Geistlabyrinthe samt ihren Folggängen und Erfolgszwängen immer komplizierter
Was hilfts wenn armer Menschseelvogel drin umherflattert
Hilflos

Alle Dinge sollten gesehn werden unter stiller Freude
Daß man noch leben darf

Wie arm sind die andern
Maßt Brack sich an
Vorm poetischen Weltreich

Einen Stein hinwerfen zwei aufnehmen
Wohin solls führen
Behalt deinen

Allen Tieren allen Armen kannst du nicht helfen
Mach dein Gewissen rein

Brack erfährt
Zwei offne Türen vernichten ein Luftpolster

Sie sehn Augenblick als Übergang
Alljedes Übergang und nur Augenblick

Gutwillig sachtsuchendem Auge von den Berufskämpferschriftgelehrten das Netz der Beziehungen Zitate Anspielungen Verweise übergeworfen
Wie soll es sich da herausnesteln fragt Brack

130 Preiswürdig Tabubrecher fragt Brack
Als Kommerzbesen sind sies
Vor dem großen Moralgericht aber

Seid ihr hilfreich Fragen fragt Brack
Fragt Brack

Seht den Wassertropfen
Wie soll ers waschen das Öl
Dies und ein wenig mehr Bracks Religion

Im Meer von Punkten Mittelpunkt
Wo ist er
Wers weiß verschweigts

Staatswesen
Unwesen
Unwesentlich

135 Da schaut er hin vom Tintenfaß über die Welt und predigt
So gesehen auch Kanzler

Musik der Resultate schenkt Nahrung

Müllhalden zähnefletschend
Willkommen Bruder

Frau Rose neidet der Traute ihr Dasein
Und ist doch bloß ein Bild

Unter blauleuchtenden Hellhimmeln Argwohn
Hoffnung aus blitzflackernden Schauernächten

Solang Abendrotschmerzsignal nicht hochschwebt
gehts auf altem Schlendergleis durch noch
Bequemszenerie

Sollst beschirmen Burgdach
Wärst öd ohne Zinnen und Türmchen

Brack schreibt Wörter
Zeichen setzt die Zeit

Stelln wir die Uhren vor zurück
Die Zeit holt uns ein
Läuft uns davon

Zeit mag sterben
Gibt poetischen Augenblicken ewiges Leben

Schlaf wischt das Böse aus den Gesichtern
Tod aus den Herzen
Gutes in Ewigkeit
Amen

Brack schaut durch die Berge
Kein Vakuum hat Macht
Da noch ein Quentchen Alter in uns leuchtet

Melodie darf alles über der guten Bordunpfeife

Mach deine Arbeit sagt Brack zu sich selbst
Vollende angetretne angewiesne Bahn
Frag nach Danach nicht

Für unser vieles Vergessen werden in der Folge
wir vergessen werden

Wolln vom verspotteten Alter Gelassenheit
Friedfertigkeit Duldsamkeit lernen

Machen wir nicht zum Gott die Kasse
Gott heißt uns Kasse machen auf dem Sterbbett
Kein Zahlenspiel hilft da

Pro bringt nicht viel
Nur Profil grübelt Brack
Nur Profilieren läßt profitieren

Jedwede Zukunft resultiert aus Herkunft
Aber Wohlstand kann nur in Notstand führen
meintfürchtet Brack

Was nützt das Viel
Kannst lediglich einem Lied lauschen ein Bild
betrachten
Meint Brack
Wenn du nicht Cäsar bist
Dein Leben ist kürzer als das Viel lang

Gedruckt Schreiber muten Brack an wie kostbar
kluge Vögel
Herzen in teils sonderbaren Denkmaschinen
Sehnsuchtsvögel Geieradler schwingen sich über
den Staub zu Staub

Mein Pfund erfährt Brack zum Wuchern zu klein

Herbstwind bläst durchs Kahlgeäst goldnen
Schnee
Eintagsfliege Schildkröte Zeitung Lebensbericht
unterm Sterngeflacker
Weltenplanschnipsel taumeln durch Finsternis

Klein ein Ich im Getriebe der
Fortschrittsverbindungen
Klein Konjunkturquerelen vor allumfragender Seele

Der Fleißige pflegt des Topfes Henkel
Der Flüchtende sucht den Inhalt
Jener erstrebt glänzende Fläche
Dieser durchrätselts Gesamt

Das Feuer wurde uns geschenkt
Vor dem Feuer werden wir fliehen wollen

Brack erfährt
Am Abend schätzen wirs Licht der Frühe

Papiere ordnen Haus bestelln
Niemand weiß wieviel Zeit bleibt

Einer fühlt unter Klassikklängen sich wie eine
gestreichelte Katze

Materieller Verlust scheint geistiger Gewinn

Alles Leben weist sich als zunehmend Ergebung
in das Gegebne

Welchen Schwierigkeitsgrad er beherrscht
Von welchem Schwierigkeitsgrad sie wissen
Der Unterschied machts

Jahrhundertealte Gesetze mißachten führt zu
nichts Gutem
Fühlt Brack

Krieger zum General
Bitte gehorsamst sterben zu dürfen

Danke jeder Nacht begreift Brack
In der du friedlich schlafen kannst

Das zweite Viertel

170 – 338

Der Turm Die Gespenster

Nicht was es wert ist
Was es uns wert ist

Glaube weil soviel Schönes in der Welt ist

Massen von Erde unter Bracks Burg
In die er sich vergraben kann

Ichtum wirft man ihm vor
Auch das Anders ist nur ein Ich
Sagt Brack

Dies muß sich der Politiker gefalln lassen
Daß man sein Wort mit der kleinen privaten Elle mißt
Dies muß sich der kleine Privatmann gefalln lassen
Daß man ihn mit der großen politischen Harke unterkrümelt

Dein Schwung Tropfen abzuschleudern hilft nicht sehr viel
So du nicht hilfreichen Widerpart findest

Seien wir glücklich bekräftigt sich Brack
Über das was wir nicht besitzen

Berge von innerer Unzufriedenheit mit Selbstsein und Angestrebtem muß Brack täglich übersteigen

Wieviel Böses müßte vergessen werden
Um die Vorstellung des Guten rein zu erhalten
Brack sieht Sonne hinter Müllbergen untergehn

Wie müßte sich in Fülle von selbstverständlichem Guten übersehenes Häßliches vorkommen

180 Poesie glaubt Brack
In graues Bild gesehen Hauch von Licht
Wenn man die Linien ein wenig verschiebt

Süßes Hoffnungsaroma aufgelöst in Bittergeschmack
der Illusionslosigkeit
Den Becher beherzt zu leeren ermuntern wir uns

Dunkelburg unsichtbar in der Nacht
schwarzquellender Unbekanntheit
Klassikfackeln entzündet
Ihr stilles Flammen erhellt Bracks Seelfinsternis
Schautet ihr andern in sanftfreudfarbige Fenster

Fehlende Zeichen geben das Zeichen Mehrdeutigkeit
Vieldeutigkeit

Durch Bilderflucht hin ins ewige Licht

185 Größhöhe mittels Vielherrschaft und scheinbar
Nahtlosigkeit

Wie schön wärs unter guten Gedanken still durch
herbstgoldne Stadt zu wandern
Rotkochendes System der Zwänge steht mit
ausgebreiteten Armen und brüllendem Maul
Sei Sklave des Haben
Technikfetisch wird dich verschlingen

Der Planet umgürtet mit Asphalt und Beton
Bis zum Ersticken
Nächtliche Großstadtstrahlenmeere werden ihn
aufzehren
Wie eine Kerzenflamme ihr Wachs

Er sagt
Schmeckt leider sehr gut

Schlucken kein Mittel gegen Husten
Großmut keins gegen Bosheit
Aber Möglichkeit

Mensch Meister merkt Brack im Vermarkten
Was alles vermarktbar Geist so wie Fleisch
Selbst eben Gebornes eben Gestorbnes

Brack wandert die Straße der harten Gedanken

Gnade des Schlafs ein Krug voll Öl
In die rastlos knarrende Denkmaschine
  tröpfelgegossen

Wir sind nur Werkzeug
Laß nicht zum Werkzeug dich machen

Auf den Spitzen eines Turms balancieren
Ists Traum grübelt Brack

Nie hat Brack weniger Zeitungen gekauft als
  da es so viele gibt

Brack liebt die Stadt seiner Geburt mit all ihrer
  Schönheit all ihrem Verfall all ihrem Schutt
Will nicht die Welt

Brack plagt wenig Lebenswille
Wenig Wille zur Zerstörung andrer Leben der Umwelt
  seiner selbst
Drauf läufts hin
Ein Grauwolkentag
Nebel zieht tief in den kahlen Wald

Kann man gesehen werden wie man sich darstellt
Will Brack wissen
Geschweige denn wie man ist

Jeder muß eigenartig sich für diese Reise fest machen
Seine Erdenbahn mit Schleifen und Punkten nagelt Brack aus
Alle wolln die Welt durchfahren
Suchen bezeichnende Schilder
Brack will seine Weltlein zeichnend erfahren
Will versuchen in seiner dunklen Burg Lichtreihn und Schilder aufzustellen

Brack traumnachts schaut sich in grausilbernem Spiegel
Mit schreckweiten Augen
Lautlos schreifragend
Rechtslinks neben sich zwei Gespenster
Die stelln höhnisch sich vor
Le Ivuz und Ed Rellüm ihre Namen

Mut heißt meist
Mit Schlaublindheit eigne Intressen einkämpfen

Schrumpfen uns nicht unsre taubabgehärteten Ohren
Giftluftdunstglocke läutet Feurio

Schwarzschlängelschleifen auf weißen Flächen
Gedankenfährten die Zeitwind und Schicksalsregen verwischen
Einzige Ichwesengenugtuung Linien zu zeichnen
Selbst da ungeborner Spurensucher Schweigen nur bleibt
Und das leise Rascheln niederschneienden Blättergolds

Seelisches Gleichgewicht
Wie schwer das Umuns gegen die leichte Seele
in uns

Sturm reißt am Haar sie fast fort
In mauerbröckelnder Nische suchte sie Schutz
Die schlanke Mädchengestalt Muse genannt
Wild heults Gebläse der Zeit
Zerrt am befleckten Gewand ihr
Einsamkeit Einöde sonst

Ward einer von der heitren Menge gerichtet ob
zu großer Traurigkeit
Rief vorm fallenden Beil
Soll euch schätzfähig machen meine Traurigkeit
für reingebliebne Reste
Mut schaffen zu weitreichender Wäsche

Schön dein krauszeichenübernetztes Blatt hört
Brack
Schöner als Ahornhaupts goldnes kann keins sein

Dünkt euch nicht besser als Brack
Ist wohl kleiner aber nicht schlechter

Zweckoptimismus wie Schattenleugnen
Brack malt schon einen langen

Führen Geschäftigkeiten durch fatale Grenzen
Auch Geschäfte nicht weniger
Bewegung der Maus vor ruhendem Berg

Mondäne Damen klugherrschende Herren
Der Lack machts
Und Selbstlob
Da ist Brack sich sicher

Groß wer vorm Großen sich klein weiß
Klein wer vor allem sich groß glaubt

Was versteckt sich hinter ewigen Scherzen
Oder nur Hohlheit

Wissen sei Macht
Was macht Wissen vorm Sei spitzfindet Brack
Macht macht böse

Wohin wir fahren
Haben uns immer mit

Angemessen Menschsein statt gefördert zunehmend
 gefährdet

Auf teilnehmenden Dank hoffen heißt Heimat erwarten
 von ferneisigen Sternen durchfröstelts Brack

Brack um es klar zu sagen im Grund eigensinnig
 griesgrämiger Höhlenbewohner

Welch unfreundlicher Zwang
Brack und Rosbrack der Sohn einander die Seelen
 versehren müssend
Klugheit der Jugend gegen Weisheit des Alters
Wildwasserströmen über Flußbettruhe

Helloffnes Unrecht durchweg beliebter denn
verbißne Gerechtigkeit

Probleme nicht mehr wie Salz im Wasser
Das Meer tot

Brack schraubt sein Fernrohr auf
Schaut durch breitgreifende Spähscharte im
Fundament seiner Burg
Vor den Skeletten toten Waldes unter zerfreßnem
Steingebild hockts
Das Gespenst Le Ivuz der menschlichen Forderungen
menschlichen Dinge der Menschen selbst
Und füttert zum Riesen auf Ed Rellüm den Bastard
den er mit der Phantasie schlechterer Schwester
gezeugt hat

Was wissen wir von uns selbst
Ziehn mit dem Spekulationslineal Parallelen ins
eine ins andre Einst
Vor letztrem nicken Bestätigung die beiden
Fürstgespenster
Sind wir zufrieden
Wolln wir das Weltgeheimnis dunkel lassen
Was wird je ein Wurm wissen von kontinentweiten
Felsmassiven über Unterwelten Geheimgängen
Über schatzhortenden Kellergewölben über
Stollensystemen des Widerstands

Nachtfröste morden letzte Blumen
Goldne Blätter faulen hinüber in neunährenden
Humus

225 Die Menschen reisen schneller von Erdteil zu Erdteil
Und Übel und Katastrophen

Alles in Brack weigert sich für moderne Geräuschszene die Bezeichnung Musik herzugeben

Wenns knistert zwischen Brack und Frau Rose sie korrigieren ihre Wunschbilder
Wenn Brack und Rosbrack einander bekriegen sie beschimpfen ihre Spiegelbilder
Nur Frau Rose die Liebe liebt in Rosbrack ihr Werk
Durchs Fenster schaut der Nachmittag

Es ist die Blume nicht
Es ist der Blume Bild das uns über den Staub hebt

Abendrot überm Eichental
Unter mumifiziertem Laubwerk verlöschende Buchstaben auf zerfallnden Papierfetzen
Dahinter der Drohende Turm bis in schwarze Gewitterwolken stoßend
Vor ungeheurem rotgoldnem Fenster unter schwarzer Mauermasse

230 Die Idee rein zu haben
Da ist Brack alles andre unwichtig

Brack hat sich lange gequält von ihm zu malen ihn zu besteigen den achtungheischversagwerten Riesenfinger
Tuts widerstrebend auch jetzt
Scheint aber kein Weg sonst zur Höhe des ewigen Zieles
Ausschließlich burgleben kann auch Brack nicht

Waage Mensch mit der Schale Technischer Aufwand und der Schale Moral
Waage immer die gleiche
Schalen wagniszufolge nimmer im Gleichen

Der Drohende Turm
Da mauern sie auf kunstvollsten Gerüsten an der Spitze herum
Als obs nicht Fundament zu sanieren gälte

Der Turm sendet Gas aus
Wird in Folge die Luft zum Kochen bringen die Erde die Welt mit ihren Wunden

Brack bei der Turmbesteigung hat seinen Spiegel mit
Drin sieht er zwar nur sich sein War sein Wird und das im Licht seiner Burg
Aber er hilft ihm über die Öde der Treppen Hallen Gänge Galerien

Fragerster will wissen
Wozu der Drohende Turm
Etwa bloß um durch Galeriesäulen Fensterbögen den Talgrund kleiner zu sehn

Greller Schein in den Sälen
Tut milden Augen weh

Regen der leisrauschend herabtropft freudtrauert Brack beruhigt die Seele wäscht die zerfressenen Turmwände aus

Da die Welt für uns nur in uns ist mit uns stirbt bleibt die Idee unsterblich
Sie lebt solange die Welt lebt sinniert Brack
Was meint hierzu der Turm

240 In Kabinetten des Turms sind Maschinen montiert
die unzüchtige Bilder wandmalverbreiten
Nach denen Unzucht betrieben wird vor den Galerien

Der Weltenherr durchs Lichtwimmeln blickend
Was sagte zu diesem Drohling er
Nicht zuletzt unter denkmalspflegerischen
Gesichtspunkten

Der Teufel erklärt
Darauf trinken wir eins
Prosit
Zum Wohl oder Übel

Der Einsichtige vom Turm aus erblickt
Erd hat ein von Fortschrittssucht
gezeichnetverfallnes Gesicht

Falsch wird Richtig
Richtig Falsch
Was machts wenn die Acht kopfsteht

245 Wir werden zweitens ständig von unserem
Schatten verfolgt sagt Brack
Erstens sollten wir in entgegengesetzter
Pfeilrichtung gehn

Betrachten statt Handeln fragt der Maler
Ein Bild wird durch Betrachten nicht besser
Auch nicht durch die Händler

Stürz dich ins Sein wie ins Bad
Die Seele wäschts freilich nicht sauber

Licht wünschst du durchs Dunkel
Lös die Wolken in dir auf rät man Brack
So siehst du viel Sterne

Sind fatal in ihrem finstren Turm gefangen
Daß sie das Licht des Morgens wie ein Schlag
  überfallen müßte

Seid nur gut verkündet der Weltenherr
Seid nur recht einsichtig ihr
Überlaßt Herstellung und Darstellung von Strukturen
  Mechanismen Organismen mir und meinen Gehilfen

Erde wie Kopf rund
Dieser paßt in jene jene in diesen nicht
Beide müssen aneinander anecken weiß eine Stimme
  zu sagen
Wessen Stimme

Sollte es noch eines Beweises der Unvollkommenheit
  bedürfen ergänzt der Fürstmeister der zugzwingenden
  Verführung so will ich euch meinen höllischen
  Spiegel vorhalten
Nur wir leisten ganze Arbeit

Ihr wißt nicht abschloß Einflüsterminister
Daß einundzwanzigschönäugiger Kubus Inkubus ist
Alpdämon Buhlteufel drin ihr herumkollert

Brack denkt über vorstehende Äußerungen dieser
  drei Mächtigen lange mehr als lange nach

Wolln uns nicht gern beherrschen lassen
Wollnsollten uns selbst beherrschen
Nicht die Welt

Teig gewinnt beßre Bestandteile durch Rühren nicht

Schöngefingertes Blatt in die Luft fassend
Menschfinger faßt nach Besitz

Gehöhltes Holz gehöhlter Knochen
Rundbegrenzte Leere drin die Seele zum Tönen
gelangt bis in die Ewigkeit hin sich sehnend

Bracks Papiere mit Schleifen Punkten nicht allein
sein Werk
Was Liebe Verständnis Hemden und Suppe betrifft
das der Frau Rose

Allmutterantlitz voller erdteilweiter
Waldwunden Raffdummheitsschandflecken
Roher Boden blutend feuergefoltert rauchende
Alptraumwüste
Umundumtötende Fieberhitze liegt auf dem Sprung
Vom Turmausguck sieht mans

Ein Turmsaal ganz in hoher Wandhelle Goldmessing
und Licht
Blitzende Zinnpfeifen vor erwartunggefüllten
Polsterstuhlreihen
Gleich werden die Herzen gestimmt dann in Schönheit
Für Augenblicke werden sie was sie nicht sind
Auch das gibts

So widersprüchlich Bracks Äußerungen so
widersprüchlich sein Herz
Und aber wiederholerisch seine Sätze ebenso
seine Gedanken

Gutberaten der bald merkt
Das Unsichtbare zählt
Das Sichtbare ermöglicht dies Zählen

Negativpassivgeist macht weniger Schaden als positivaktiver
So kommts Brack vor

Rechts kann nicht links sein links nicht rechts
Rechts steht der Maler in der Mitte das Werk links das Publikum
Oder er links es rechts
Maler mag das Werk lieben Publikum mags bewundern
Maler darf nicht das Publikum lieben Publikum nicht den Maler bewundern findet Brack

Der Mond scheint
Den Kopf zu schütteln über den Turm
Sein Silberlicht fließt über voller Verwunderung

Mitunter spät zeigt sichs daß nichts weiter getan wird als den Vorgängern nachzufolgen orakelhört Brack

Natur ists mit ihren Absichten ernst
Ernst schwebt aus der Landschaft dem November auch dem Mai
Feierlichkeit wohl Erhabenheit
Da ist nichts Lächerliches
Brack liebt den Ernst

Brack sieht völlig ein
Seine Burg und Papiere eine Art von Rückzug Flucht
Leider berechtigte Flucht auch vorm Drohenden Turm

270 Symbolikermeinung
Drohender Turm kann vieles bedeuten

Brack will nicht kämpfen
Denn das heißt gleichzeitig immer andres vernichten fühlt er

In den extremen Ecken Winkeln regiert Göttin Einsamkeit

Wenn sie wüßten wie schnell Reize abstumpfen
Würden sie klüger sein
Und nicht so gereizt

Am Fuß des Turms Reste von Wald
Wer sieht die neben dem finstren Giganten

275 Ausblick der Hoffnung ein heller fröhlicher Gott den Altvordren
Uns flackert vom qualmschwarzen Himmelsbrett Untergangsflammenschrift zu

Brack würd sich gern aus seiner Burg herausglauben
Wenn die Welt ihm Burg sein könnte

Stillmilder Vorteil des Einsamen
Daß ihm außer dem Leben nichts mehr genommen werden kann

Gewesene Menschseingedanken
Unsichtbarflammen über der kalten Erde
Der Ratsuchende ahnt sie

Bracks Burg nicht gekonnt gemauert wie der Turm
Dafür gewiß kaum bedrohlich

Brack sagt
Meine Burg ist für Besuche nicht ausgelegt

Bracks Leben unter zu hohem Aufwand
Freilich man lebt nicht allein

Meine Burg Durchgangsbahnhof zur Ewigkeit
pathetisiert Brack

Er empfindet sonntägliche Pflichtveranstaltungen
als unfreundlichen Eingriff in seine persönliche
Freiheit

Winzig nimmt Drohender Turm sich aus unter
Riesenschwarzflügeln der Allnacht
Erst recht Lächerlichgespenster Le Ivuz Ed Rellüm

Dennoch durch zwei Fenster des Drohturms spießt
sich feindünner Silberlichtpfeil Hoffnung

Glücklich wer vom Umihnherum sagen kann
Dies meine Welt

Brack sagt
Ich befaß mich immer mit mir selbst
Die andern befassen sich immer mit den andern

Einer sagt er hab mit Herrn Vielleicht nichts am Hut
Hat nichts unterm Hut vielleicht

Novemberwetter als Wißundtunwetter
Wenn das was wir wissen und tun in
Nichtwißnebelbetrachtgrau verschwimmt

290 Brack Stillprediger der verbotnen Religion
Betrachtnachdenknichttun

Unterlaßne Hilfe gleichbedeutend mit Freveltat
Würde Freveltat unterlassen
Dies wär Hilfe

Haut der Kleider reiner als die eigne

Durch wachsendes Zukunftslebensenddunkel strahlt
unvermindert hellgolden sternschöner Schein aus
Bracks ansteigender Zeit frohglänzendem Vormittag
der wohl Sonne war
Was haben die damals seine Freunde hießen von ihm
für ein Bild durch die Jahre bewahrt

Eigentlich müßten wir vom Großen Diktator
eingefordert zu werden stündlich bereit sein

295 Daß du für Niemalsbesucher ständig neue Zimmer
in deiner Finsterburg einrichtest
vorwurfspottet man Brack an

Vergeßbrack erklärt
Nur wer Augenblickweltwandeltaten übergebührend
wichtig nimmt kann sie und sie sich merken

Rastlos allesverknüpfender Weberin immer gleiches
Grundmuster
Rastlos geisternden Gedankenballetts immer ähnliche
Choreographie
Viele komplizierte Schaltbilder dem Weitblick eine
Schraffurtapete

Alle wolln wollten wir irgendeinartig eigenartig die Nacht unsrer Einsamkeit erhellen mit Liedern erfüllen
Wenn wir krank sind Fiebertraumbilder Zerrklänge

Bracks Burg wie schon gesagt in keinen allgemeinen Reiseführer aufgenommen
Da darf er raumgestalten so verrückt er nur will
Lebt nicht von Eintrittsgeldern
Kann Zweckklugheit wie Modetorheit zwei kalte Schultern zeigen

Was helfen Worte des Jetzt vor schwarzgesichtigem Bald

Nächtlichen Regens wenn wir das Saure vergessen friedliche Fensterblechmelodie

Wenn die Reise nur Freude Spaß Pflicht Groll gibt
Mag das Gefährt klappern dröhnen heulen
Fragt nach dem Ziel nicht
Laßt das Woher hinter euch dunkelruhn

Welt will nichts Hemmendes Haftendes Knarrendes
Will Schlüpfriges

Motor allen Tuns sei Verantwortung heißts
Wär Weitbedenken Motor der Verantwortung
Handelnde Brenngläser
Poetische Butzenscheiben

Lang lang die Nacht
Brack wünscht so herzlich sich Schlaf

Kraft und Stoff Stoff und Motten

Innendunkelgefangner Außenwunderfarbfremdheit
Außenbuntbefangner Innensterndunkelblindheit

Tönender Nachtstern leis Mozart Schubert Grieg

Brack schaut in den Spiegel
Das möcht er nicht sein
Vielleicht nicht mehr sein
Aus Nebelflor Gehöhn dazu der beiden Hauptturmgespenster

Wenn der Ball nicht fliegt zwischen zwei frohen Handpaaren bleibt nur Wand der Zelle als Partner

Glück ist Haben Besitz Liebe Freude Selbststolz Freunde Hoffnung
Wo ist Glück da alles entgleitet
Türme sturmumheult

Ohne Wegzeichen Komma Punkt oder was immer gefangen im Grübellabyrinth

Bracks Bildbasteleien Marotte nicht Modell
Hätte werden sollen was er nicht ist
Maler

Wie nah sind wir manchem ohne Möglichkeit oder Fähigkeit zur Annäherung

Wer stimmt Brack und gibt schon gern zu
Daß genaugenommen wir mit Schwung und Freude lediglich unsre und der Welt Schwächen übersingen

Kluge Stimme ruft Brack hin
Sei dankbar daß du es sehn denken malen darfst
Mußts nicht zu mehr machen wolln als du bist
Nicht zu weniger

Jeder sein Mittelpunkt
Offenliegend oder verkappt
Das Rad dreht

Wie gefragt eines häßlichen Menschen schöne Meinung
Und erst eines häßlichen häßliche

Relikt Herzwerk Mahnklage
Alternative Brackburg vor abendlichem Feuerhimmel

Redst so viel von deiner Burg
Schildre die Schönheit des Turms
Wird Brack vom Zeitreiter angemahnt

Die Alten Wetterbäume
Die Heutigen Topfpflanzen
Hinter Turmfenstern

Schönes Kleinbild geglückt in Stein gepinselt
Draus wächst Brack neue Kraft zu
Wächst aus dem Bild oder in Brack in gesicherter Publikumunmöglichkeit

Brack lebenslang in Widerspruch zwischen innren und äußren Pflichten
Aber wärst du nicht zwischen zwei Pole gesetzt wie bewegtest du dich
Zwischen Nichtsoll und Gernwill gestellt
Dies heißt Mensch

Der Turm
Balanciert zu Häupten das Feuer das vorgeblich Wege erhellt
Auf Feuer stehn seine Füße
Obs ihn erhält
Und sein Herz ist aus Feuer
Unlöschbar
Ein Held
Da braucht nicht Feuer vom Himmel zu fallen
Welt verhöllt schon

Wenn uns Schwerfälligkeit Mißmut die Knochen quelln machen
Werden uns Leichtblütigkeit Frohtun vergehn

Turmbewohner wolln Unterhaltung von flimmernder Wand
Was weiter als eisherzig Raub Verführung Mord
Nachfolgend Leere

Turmuniversität
Studenten lernen zwecks weiterer Fragwürdigwerdung des Gesamtbauwerks

Nicht dick auftragen
Spart Farbe
Nichtdickauftragen spart Farbe

Was nützt Gutzumachen wenn du dann aufzumachen gezwungen bist

Höhnisch gerißne Saite
Hilflos gespannter Bogen

Unnötig einer Krankheit Heilung zu versuchen wenn
sie von andrer weit schlimmerer lautstark
beseitigt wird
Weiß mans

Ed Rellüm plappergrinst aus allen Zeitungen
Le Ivuz Zeitungen

Des Turms Funktionen bewundernswert freilich
verwerflich

Lehrerin Natur deutet an
Seht bin mir über Jahrtausende treu

Wind auf Dreiflüglern
Sonne auf Hohlspiegeln
Alt Jung auf Fahrrädern
Ansprüche auf Sparkurs
Hoffnung auf Besserung

Silberstimme
Streifenflattermachende Nacht spricht durchs
Japanische Tempelglöcklein unterm Glasdach
Mögen die guten Geister uns leiten

Wohlge Schabrack
Auf Pegasus
Wohl geschah Brack
Auf Pegasus

Aus zwei drei nachtleisen kleinen Klaviertakten
heranschwebend Dufthauch heller
Jugendbildwelten

Das dritte Viertel

339 – 507

Befürchtungen   Auch Behauptungen

Ruhiger würd Frau Welt brackend leben

Brack sieht jetzt klar
Wie ers der Welt tut mit seiner Abkehr von ihr
so tut sie ihm mit ihrer Abkehr von seinen
Papieren

Brack sieht jetzt klar
Was aus welch einer Laune immer die Schicksals /
götter an Seele ihm hin / zähln sparn an Körper
sie ein

Höllfürst zu Weltherr
Dein Meisterwurf was solls verbreitet neben
schlechter Luft mehr und mehr die überteuflischen
Folgen seiner schlechten Gedanken

Wenn Großmeister Schmerz das Zepter führt werden
höchste Könige zu Untertanen
Werden feinste Geschmeide vergessen rätlichste
Pläne zerrissen
Und wer denkt da gar brackend
Wer denkt da gar Brack End

Regengewaschne Straßen windgefegten Himmels
perlmuttfarbnes Licht hoffnungsoffne Seelen
Aber die alten Häuser

Warn welche und gar nicht wenige die sich die
Ohren lackierten um schöner zu hören

Sagten andre zu einem
Gib beßre Gedanken
Baut den Turm besser erwiderte der

Fragt einer Brack obs besser sei durch Augen oder in Augen zu sehn

Schelm ruft
Leicht rechten kann wer die Moral hat

Hoffnungsgefühle fragend vor erleuchteten Kirchenfenstern in nebelgraukalter Novemberdämmerung

Die beiden Auslugtürmchen seiner Burg
Brack teilt und tauft sie den Feinen den Strengen
Schaut vom Strengen im Sterngetriebe immer klarer die Grundlinien des für ihn gültigen Generalprinzips
Der Feine malt sanfter

Wen interessiert der Tellerrand wenn er mit der Suppe beschäftigt ist

Mensch und so Brack eins der nach innen spiegelgewendeten Augen des Seins

Das Viel des Ist paßt in wenige Schubfächer
Dies in weitestem Wortsinn

Klassikmittelsätze Fenster in fremde ferne schöne Welten hörtsieht Brack

Accelerierende und ritardierende Figuren auch umgekehrtwertig
Brack will mit Vorhandnem auskommen nicht Neues aufhäufen

Die Erde übermenschgroß für den Menschen zu klein

Lampenfluten
Dennoch umfassende Dämmerung Finsternis
Lichtameisen drüber gigantischer Schwarzkrake

Unter Mißfallensgepfeif eiferstrebig
weiterkriechende vor Beifallsgeprassel willig
innehaltende Redeschlange
Eilfertig blinzelnde Mißtrauenslupen
Wohlgefällig weitblind umgedrehte Ferngläser

Zeitungsglossenzeichner hängt in den Wind seine
Palette

Ein Besen reinigt den andern
Ein Besen peinigt den andern

Strümpfe stopfen sollte Frau Welt
Durchs Fenster schaut der gestorbene Wald
Wurzeln Eichhörner schweigend

Endzustand von Friedhöfen unter kaltem Novemberhimmel
Kahlastgestarr
Die Gestorbnen des Jetzt der vergangnen Jahrhunderte
Jahrtausende blicken nach oben
An den Sternen vorbei

Gefahr Gefahr Gefahr
Schon der Drohende Turm einzubrechen droht
Wer fühlts

Signale
Sind da Funken
Speit stündlich die Spitze von sich
Ausgelassenheit jedoch in Zentren und Randzonen
unterhalb Le Ivuz Ed Rellüm maskiert zwischen
den Schwelgenden

Vorsicht Vorsorge der Gegenstreiter
Was kommt gegen Turmhöh an

Brack zögerspiegelt seine Vier Grundlinien ins Blättergebündel
Hat sie über des Strengen Zinnen grübelerwogen über des Feinen Zinnen zurechtgebogen

Erwägung I
Unverlierbarkeit des Gesamt der einzelnen Teile des Gesamt
Deren Mehrdeutigkeit
Dasein schon eines Blicks Gedankens einer Grenze bewiese Unmöglichkeit des Nichts also auch des Weniger

Erwägung II
Existenz durch Umwandlung von Stoff vermittels Kraft
Durch Stoffumwandlung Kraftgewinn
Kraft geht in Stoff ein
Durch dessen Umwandlung von ihm aus
Kraftschubintervalle stoßweise wellenförmig
Ruhe Stagnation Bewegung Aggression
Verschwendung auf Wellental gerichtet
Ansammlung auf Wellenberg
Faktor Fluß

Erwägung III
Bei Ausfüllung des Leeren Ausschöpfung aller
Möglichkeiten
Faktor Kugel Würfel
Größtes besteht aus Kleinstem Viel aus Einzel
Größtes lebt von Kleinstem Viel von Einzel
Größenverhältnismäßigkeit
Kleinstes von Größtem weitest entfernt Einzel
vom Viel
Grenzsetzung infolge unterschiedlicher
Kraftpotentiale
Viel für Einzel Gesamt für Teil undurchschaubar

Erwägung IV
Kraft gerichtet auf Erhaltung des Gesamt damit
des Einzel der Art
Streben Verfeinerung Vervollkommnung
Dabei Verhüllung Tarnung
Schauspielerei als Schutz für Stern Wesen Idee
Selbsterkenntnis hohe Form der Verfeinerung

Brack etwa anmaßendes Mahnexemplar der Gattung
Was hat sie getan

Zynischer Virus überfällt die Lande gleich
fliegendem Feuer
In den Winkeln tastet unter der Larve der Lust
Verderben

Fahler Morgen kriecht in die Fenster
Schauderblickt auf der Erschlagnen Gebeine
Haben Verrat begangen an sich

Überherr zu Brack
Kannst du nur Ankläger sein
Was sonst leistest du

Im Norden der Stadt
Spätherbstgrau von Goldsonnenfäden durchsponnen
Tropfender Alleeschwarzastdom
Grünglänzend knorrige Stämme
Raben flattern auf
Geräumig stillschweigende Ordnung
Wird wohl nicht mehr begraben hier
Schöner Friedpark
Könnt ein Heim sein

Straßen voll schreiender Schilder
Sind aus Ideologieagitation in Kommerzreklame
gefallen
Haben Ostmangelei in Investitionen getauscht
Parteitortur in Konsumkitzel

Müssen mehr tun sagt das Viel
Nein
Müßten viel mehr tun um das Vielmeer zu entkrampfen

Welt nimmt sich anders aus vom Strengen denn vom
Feinen Türmchen
Dies Hier und das weniger andrer machen alles
nur Feinzinnen und Brackbrillen

Schöpfung auf Zweck gerichtet
Mensch als ihr Kind gleichfalls

Buntmunterkeit prallen Seins übertuscht
grauweißnüchternen Wahrheitsuntergrund

Nichts Schlimmres für Frau Rose und Brack als
wenn Rosbrack der Sohn leidet

In fremdes Land dringen
Mit uneigner Münze zahlen
Unter unverständlichen Göttern fragen
Gar Stimme und Forderung erheben
Wie mag fremdes Brot Herzen munden

Mit fremden Zähnen kauen
Mit fremden Säften verdauen
Mit fremden Augen schauen
Auf fremde Grauzellen bauen
Wer mag sich selbst da noch trauen

Mehr mit der eignen Einsamkeit fertig sich
abfinden denkt Brack gäbs weniger Verkehr
Da wo du bist

Still steht der Wald unterm Reif
Und gedenkt das Herz sommerlicher Bilder

Der Angstgebende Turm bebt von Schall schmerzt
es Brack
Brüllend soll Leere lebendig werden

So schön der Mond ist
Kann nie schöner sein als da vier Augen ihn ansehn

Armer schlafloser problembetürmter Grübelgeist
Nächtliche Tiefstwerte

Bauten stehn Bilder hängen Menschwesen streift
hindurch wie ein Wind
Nichts kann an ihm haften kann es mit sich nehmen

Des Kiesels Kleinkringel
Des Felsbrockens bahnbrechend breitkreisende Wellenberge

Vergessen neben fröhlicher Schminke traurig schiefgelaufne Absätze

Kreischende Autobremsen überschrein leerenge Seelen

Fragsagt jemand zu Brack
Ein Schwer predigt sich selbst ins Entlegne

Mit Zweckzielen hartgepflasterte Straße deren Fragezeichenkrümmung am Nirgendwopunkt vorbeiführt
Gut zu bewältigen allein auf Optimismuskrücken Idealismusstelzen

Brack weiß
Wenn er nicht schreibt was er vor seinem Nachihm gutfinden kann vor seinem Herzen kann er nichts schreiben

Brack hört rufen
Seht daß ihr feierliche Tempelsäulen werdet
Nicht feuerwüstende Drachen

So viele Straßen eine Stadt hat
So viel Welten voll Zauber
Deine Stadt
Und du machst den Erdball eng

Böse Trostentschuldigung
Könnt noch schlimmer sein
Wo ists Nochschlimmer zu Ende

Was man ohne Geld hat für Geld nicht bekommt
ist das Beste denkt Brack

Geld recht Eisregen
Erstickt die Herzen in Lack schauererfährt
Brack

Des Herrn Hut
Bedeckt euch nicht
Des Herrn Hund
Versteckt euch nicht
Des Herrn Hurra erweckt euch nicht

Vorgabe und Fluch aus Tagtänzen Brackbilder
aufzufiltern
Wie fein ist das Nebelgeweb

Ritter Lanzenbrech
Sind genügend in Vorrat seine Wappendame zu
verteidigen

Steht auf Giftfüßen der Turm meint ein Zyniker

Falbe Wolken vor hellem Horizontstreifen
Graugelbe Reiter zu aufflatternden Rauchfetzen
sich zerdünnend
Kälte
Kindergeschrei

Blindwütig kinderzeugend der Drohrecke auch
Teils sich für sich selbst bewegendes Zeitsymbol nur
Raum für alle wird er kaum haben
Drohmonstrum in geschäftig sich öffnendem Himmel

Ein Tod gewiß
Aber tausend Arten zu sterben bietet der Turm

Jedem Menschenkind an Charakter Geist Talent
bestimmte Größe vorgemessen
Die muß es erkennen
Brack tuts

Kalte Herzen
Die Seelen steif

Tiefeinschneidende Sofortumkehr könnt den Turm
vielleicht retten
Viel Etagen wärn herauszuschneiden
Aber das Fleisch

Sie sagen Die Soldaten
Des Soldaten wird nicht gedacht

Allgemeines folgenreicher als Spezielles
Allgemeines bequemer handhabbar als Spezielles

Mondlaute
Auf ihren strahlenden Saiten zupft die Nacht
ihr unhörunverlierbar silbernes Lied

Le Ivuz geisternd ebenfalls durch die
Virtuosenschulen
Lichtschrein zugenotet

Für nicht vorhandne beßre Reiche wachen
wird die vorhandenen nicht schlechter machen
Nach Fein und Rein sich sehnen
wird sich nicht grobgewöhnen

Solang Fürsten sich nicht als Volk fühlen Volk
als zu scherende Schafherde ansehn solang
wirds Volk raubwahnvolles Wolfsvolk sein

Gefühle die jeder begreift Muttersprache
Brack so gesehn Fremdsprachler

Bracknacht
Weißschein lockt zum Fenster
Wie schön würd seine Gedankenburg im
mondlichtüberfloßnen Schnee stehn
Papierwelten wirklich schon komplett
Achselzucken

Komplizierte Wege oft um nur das Natürliche zu
erreichen

Blicksteinwürfe wolln Glaswände aus Schweigen
zertrümmern

Erdrundweiter himmelsdomhoher Drohturm
übereinandergeschichtstapelt aus geistigen
eisernen Rädern Galeriekränzen Liftnaben vor
allweiter Nachtwand
Zartsilbern konturiert von riesigem hinter ihm
untergehendem Hoffnungsstern

Der rote Faden mitunter von glühenden Nadeln genäht

Turmgeschickt Forschungsschiff Meervergifter
Viel Schönes Wertvolles sinkt mit ihm zum toten
Ozeanboden dem Tiefengrund ab

Was zum Teufel dies Brackgejammer fragrügt
tausendhaft Stimmenchor
So Gescholtnen Rückwortnot betont
Daß Erdhimmelkind sich um seine gelähmten Eltern
quält
Schöpfung im klagenden Abendwind

Die Blume Zufriedenheit blüht innerhalb enger
Mauern vor mildsonnigen Gassen durch
weitbescheidne Herzen unter der Stadt hohem
Himmel

Brack geb nur sich
Welt lebt auch nur ihren Lustnotwendigkeiten

Buntes Adventslaternchen
Wer das Leben so sehn kann
Ankunftslicht

Zeitfaden ins Nadelöhr Geduld fädeln

Lampe Weinglaszauber
Sonnenkringel auf Bracks Papierkleinwelt

Nach dem Verebben der Welle schaut man das Meer an

Ziegelverbund
Wenn eine Fuge die andre nicht sieht liegen sie
gut

Die Großen machen die kleinen Wahrheiten publik
Die Kleinen müssen die großen Wahrheiten für
sich behalten

Nachtspuk
Schwarze Gestalt auf weißlanger Bank
Nur leerer Raum ists zwischen zwei kleineren Bänken

Wie tiefdringend Brack immer rufen mag
Schallmauer undurchbrechlich hinter der Walzen rotieren

Stimmung schaut von Zustimmung zu Verstimmung

Lange bange Bracknächte voller Grabeinsamkeit
Wenn Frau Roses ruhige Atemzüge nicht wärn

Bracks Fallkraft zunehmend schwächer
Seine Lebenskreise Fühlensschleifen zunehmend kleiner
Freude dennoch auf nächsten Jahrs Blätterdach
Den Gesang der Amsel

Solang wirs Feuer noch hüten können im Herd spricht Brack
Wolln wir des Fragens uns freun das Schüreisen schwingen

Des einen Sein heißt Frag bis zur Bahre
Der andre bekommt alle Antworten schon in die Wiege geschmiegt

Die einen scheuchen die andern keuchen

Brack angerührt ob Frau Roses Familienmunterkeit

War einer wollt früher sterben
Um seinen Kindern die schlimmen Sargkosten kommender Teuerung zu erleichtern

Einen Satz haben ohne Schreibmöglichkeit
wie Atemnot

Was Brack in der Jugend befremdlich fand überfällt
ihn im Alter als Schicksal

Wenn alle Flüssigkeit verdampft ist wirds Feuer
triumphieren

Niemand gibt sich Blößen
So fühlt sich Lernfreudigkeit zu Heuchelei
verpflichtet entdeckt Brack

Mit Zeige und kleinem Finger uns anstarrendes
Böses erstechen
Hülf es

Durch verschwommne Jugendscheiben das Leben
klarlichtig gesehn
Durch klarere Altersscheiben immer verschwommner
So siehts Brack

Abendlichtmutterhände

Uhrschläge tropfen langhallend durch schmalen
Nachtkanal
Vom ewigen Zeitmeer hinunter ins unendliche Gewesen

Wohin die Lenkung nach rechts nach links fixiert
Wohin die Gedanken nach rechts nach links
entirrend
Le Ivuz Ed Rellüm stillverbißunverdrossen aktiv

Steig immerhin hoch die steilgewendelte Treppe
Aber bedenk daß du von ihrem Ende der Plattform
  abstürzen mußt
Warnt unwillkommnes Orakel
Meint es den Turm

Leerzimmer im großen Hotel der Wünsche weder
  statthaft noch zu erhoffen
Jede ausziehende Unzufriedenheit sorgt sogleich
  für händereibende Nachfolger

Brack vom Nikolaus nicht vergessen
Erfreuliche Postsendung
Erhält seine Papiere zurück vom Verlag
Sehen keine Möglichkeit alle vergeben
Brack hohnknirschend
Guten Tag Blätterpack wieder zu Hause

Brack überhob sich einst vor dem was ihm Oberfläche
  schien
Sieht jetzt
Alles Oberfläche
Wird spät vielleicht sehn Oberfläche und Tiefe als
  Einheit
Sein einst Überhobensein Oberfläche

Weihnachtlich strahlende Warenhausbuntheit
In allem Angebot allem Habenkönnen Brack als
  Fremdling

Was ist ernstlich getan mit immer höher gekitzelter
  Kauf und Besitzlust sorgfragt sich Brack

Sollst leben
Das Leben nicht hassen
Auch wenn dich die andern nicht hochleben lassen

Warn wohl welche denen Brack hätte freund sein
können
Warn aber Flatterseelen
Klug genug freilich um unter der Zeit ernsthaft
zu tun
Laß flattern Herz
Brack ein geschlagner Vogel

Goldne Kirchturmspitze im Winterhimmelblau
Brack hat früher viel Freude ausgehalten

Aus Finstergängen und Höhlen seiner Burg blickend
Brack stets aufs neue schreckgeblendet vom
wildbegehrlichen Äußerlichglanz

Brack muß sich an künstlichem Schwung aufranken
um nicht unterzugehn

Erst wenn des Malers Bild ins Nirgendwo gesunken
ist können seine gemalten Bilder aus dem
Irgendwo aufsteigen
Aber ob wann völlig ungewiß
Das weiß Brack ganz gewiß

Schleifen und Punkte ein Spiel
Das Brack wohl nur mit sich allein spielen
kann

Handlung oder Betrachtung
Die Welt voller Handelung

Brack hinwieder grübelt um das Wort Aufgabe
Soll er aufgeben was unbekannte Mächte ihm
aufgeben

Verständigung aller Individualismen ausschließlich
über den Draht Konvention
Bracks Burg telefonlos

Brack umspannt von eisernem Erkenntnisring
Daß allein das Professionelle Bestand haben soll
Kälte

Bracknacht
Klirrende Schwärze Frostüberwallungen
Aussichtslosigkeit
Seele kann sich unterm Schnee vergeblicher Jahre
kaum mehr erwärmen

Was nutzt erreichte Leiterstufe wenn nur die
drüber gesehn die drunter vergessen wird

Brack weiß
Weiterkämpfen selbst da die Schlacht verloren

Brack mitfahrend auf dem Zeitengefährt
Nimmt den Rücksitz ein
Kann sich nur mühsam festklammern

Erstgefühl Bracks allem gegenüber gleich den Tieren
Mißtrauen

Der Turm
Alteriertes Glied langer Kette
Die Entwicklungsschlange hebt ihr Haupt

Was solln unklare Rätselbilder rügfragts
mehrfach
Wer vermöchte Vielgründigkeit auf eine Bildfläche
zu bannen rückfragt Brack

Nichtgefunden bedeutet nicht Nichtvorhanden

Im Stringendo des großschallenden Nochweiter
Nochhöher Nochbesser
Brack hat sich niemals erfrecht noch besser
können zu wollen

Vom Streben abhalten solln uns solche Reden
hallts zu Brack
Solltet zu erreichen streben das erreichte
Streben zu erhalten

Turmbaumeister
Haben sich auf und mit ihren Plänen vermessen

Trostwochenende Brackspruch
Sonnabends kehr aus bei dir
Am Sonntag kehr bei dir ein

Tatwelt rügt Brack kurzklein
Jeder sollt mehr Brack sein

Aus Drohturmzimmern kommend faßt er seine Vier
Gefahren in Schwarzschleifenreihn auf die
Blätterwelt
Sind aber Nebelgeister zu Festmasse
weltzersprengerstarrend

Befürchtung I
Überfüllwütigkeit
Ameisapfel unter Anmaßwimmelbefall
zerfraßverschwindend

Befürchtung II
Angleichdrang
Mangelblaugraus unter todstreuenden Reaktionen
über Besitzwahnrot fließend

Befürchtung III
Grenzunwilligkeit
Naturgesetzter Tabuzaun menschmachende
Vernunftmauer in Atome zerspringend

Befürchtung IV
Abendaggression
Idealsonne unterm Horizont Giergrau führerwitzig
allesumquellend

Das A und O im Spiegel des Weltherrn
Force wird Farce

Wie schön ist Schau
Besonders wenn Kamera nicht hinschaut

So kanns nicht weitergehn
Wenn wir so weitermachen
Sagt mein kleiner Finger
Und der ist nicht besonders schlau
Sagt einer zu Brack

Möcht einer gern Sprüche machen
Die viele bei vielen Gelegenheiten freudig
zitieren könnten
Aber die Gegebenheiten sind anders

Wolln möglichst alle unabhängig werden
Werden immer abhängiger von allem Möglichen

Die große Aussichtslosigkeit miterzeugt überquält Bracks kleine
Krakenhaft himmelhohe Giftglocke
Drin die leitenden Sterne ersticken

Bracks Katalog seiner Sorgen nur Sammelwerk irrender Ängste /
Wenn ihrs in Groß übertrügt / zwänge es Änderung her

Gleiche Absicht gleiche Folge wenn Zeitenwind auf den Drohturm wie wenn Brack auf den Suppenlöffel bläst

Tabuzäune von Menschwesen auf falsche Plätze gestellt

Scharf im Morgendunkel Bracks silberne Ideelinien
Von Alltagsschwarzweißlärm verblaßt dann ins Glasig Spukhaft

Schneeflockengewirbel grauem Himmel entquellend
Hausfluchten in tanzendem Nebelflor
Sinkt alles bedeckt zurück
Sorgen Hoffnungen Müll Blättergeraschel

Bracks Bilderreihn aus und in der Buntheit des Umihn
Einzelbilder rufen seltne Stunden und Orte hoch
Solln ihm genug ihm Dank wert sein

Als zarter Morgen durchs Fenster stieg Gardinenfeinheit Wasserkrug das Wandbild der Freude mit Gold überwarf
Als vor mildem Frühling offne Türen einluden zu schauen staunen
Da gabs keine Nacht

Als endloser Wald in Sommers hohem Mittagslicht
  stand Stämme kräftig gleich Wehren sich reihten
Als endlich Ausblick helleinsame Lichtung erreicht
  war von Vogellauten umschmolzen neue Baumwände
  undurchschaubar sich türmten
Da war die Nacht weit

Als Stadthast zu sanftrer Bewegung sich löste
  straßenüberkreuzter Rundplatz stiller zu werden
  begann
Als das Licht müde geworden war die ersten Fenster
  sich schüchtern erhellten Musikhauch Wipfel und
  Leitungsdrähte durchflog
Da war die schauerstarrende Nacht noch fern

Als sterngekrönte Göttin der Bilder ihr Zauberbuch
  zu ein andres phantastisches aufschlug
Als die schimmernde Schöne dem reichen Handel
  vermählt zur Magd ward
Da selbst da schien die endschreckerregende Nacht
  leise freundlich

Geist sehnt sich zum dunklen Urgrund der Dinge
In die finstre Tiefe des Alls
Hier kann geholfen werden
Lüstets den Teufel
Zurück zurück

Weltgeschichtstafelgedeckordnung ziemlich bald
  umgemodelt
Zumal unter Dampfstrahlen überkochender Drucktöpfe

Auf Feld 20 Skurrilfigur Asymmetrie geschoben
Dafür Menschgestalt abgezogen

Genuß zum Gott machen
Sich mit dem Himmel Übersättigung umgeben

Der aus Mangel kommt bewundert Fülle
Der in Fülle wehmutdenkt an Mangel

Das letzte Viertel

508 – 676

Nurmehr Burg

Sollte Bracks Außenum dessen Papierwelt schlimm
  sehn
So er Brack hinweisziffernde Fragebögen
  amtsdeutsche Büroschreiben

Brack früher glaubte nutzlos blühender Strauch
  zu sein
Weiß sich jetzt als abgefallen bunt dorrendes
  Blatt im Weg
Da ist Wahrheit

Im Dunkeleck stillverbissen arbeitend
Seiner gedenkt keiner
Die sich als Licht ausrufen die etwa Licht sind

Der hinterher sagen könnte
Daß er schönen Tod gehabt habe

Brack sanftem Geist mehr zugetan
Traurig abgeblühte Blüte

Weltenkreise
Wegbiegungen
Neue Ausblicke

Frau Rose sorgt sich um ihr Fleisch und Blut
  Brack um seine Papierweltlein
Sie hat nur ihn er nur sich

Brack wahrhaft Klassiknachgeburt
Blaß aber

Virtuosität macht peinlich frieren
Wers kann glaubt sichs erlauben zu können
Kein kleinster Menschfehler
Unehrerbietigkeit werkwärts

Wer die Spielregeln besser gelernt hat ist
ermächtigt
Das dumme Gefühl irrt sich nicht
In der Dunkelecke

Menschgute Mittelwege unter übermenschbehutsamen
Balancen
Im Reich Schwerkraftplumpheit wie

Huschkurz das Feuer
Peinweit die Asche

Daß Werbesprüche gute Wahrheiten ausbreiteten
Gute Wahrheiten in die Köpfe sich fräßen wie
Werbegrellfarb

Verfallende Zellen
Unser Gefängnis nicht
Bald nicht mehr

Dünnhäutig dünnhaarig Brack
Außinnen

Glasgestalten Wahrheit und Ideal
Immer in der Menge
Immer gegenwärtig
Von fast allen fast immer ungesehn

Warf einer seine Sammlung Ideale fort
Schob sie gen Müll
Nun war er selbst Abfall

Mensch wär beßres Wesen ohne Zähne
Angriffskrieg leider

Sich durch Anerkennung der Welt der Welt
  Anerkennung erwerben

Größte Fremdkraft
Besser geringstes Selbst

Dreiviertelschlafender
Ihm erscheint in der Minute des Erwachens sein
  Geist richtig belichtet

Brack auch unter besondren Umständen sieht sich
  besonders wie er sein möchte
Sein Umihn sieht ihn wie er ist

Nichts über zierliche Rokokoverbeugung
Wenn sie vom Herzen regiert wird

Brack konnt sich nie inszenieren
In Welt nicht
Nicht in Familie

Kampf der Geschlechter
Brack mag nicht mittun
Frieden

Viel Schlechtheit überall
Weil jeder sich für gut hält

Daß man überm Verfechten seiner Ideen sein Aussehn
  vergißt

Vermöchten wir in größren in Jahrhundertwerten zu denken fühlt Brack

Nachsicht wär Höchstes was Menschwelt gelingen könnte

Für viele heilige Gefühle sprichts weite Umundum ganz unheilige Namen

Brack aus einem Dunkelburgfenster über christnächtliche Dorffünkchen Stadtlichtteppiche hinsinnend
Und Fried in den Menschen
Und der Erde Wohlgefallen

Es rauschen Wasser die ganze Nacht da ein Herz übers andre wacht
Es rauscht in den Herzen die ganze Nacht bis daß solch Unrast mild wird und sacht
Es rauscht sternhoch das Schweigen der Nacht eh wachendes Herze zum Schlafen gebracht

Lieber Mond
Weil du so fern bist

Im Alter ist leicht ehrlich sein

So fern die Nächsten sich sind
Wie die Fernen sich nah sind

Schicksal des Menschen
Seine Sehnsucht kann niemand ihm ausreden

Daß Kalttätigkeit Leistungen vollbringt die der
Empfindsame zu solcher Tätigkeit Unfähige
wahrhaft würdigen kann Warmherzige schmelzen
macht

Große Werke hören üben wie häufig betrachtete
Edelsteine an Wert gewinnen sollen
Das weiß Brack gewiß

Jeder will was er nicht hat
Brack will daß er nichts hat

Wind fegt den Himmel leer
Die Seele hoffend verzweifelt

Ein Löffel voll Reis ein Apfel mehr denn
hochstilisierte Gaumenkunst
Dies am End langen Wegs weiß Brack ganz gewiß auch

Werden sich mit Bracks Burg abfinden müssen
So wie man den Turm zu dulden ihn zwingt

Rosbrack der Sohn will mitsein im überhitzten
Böengejag
Gar Frau Rose
Brack durchfliegt Fieberhitze Angst

Brack hats immer gewußt
Gefürchtet durch lange Jahre hindurch
Der Turm lebendes Monstrum des höllischer Atem
umgeht
Wüstenfeuerwind aus alptraummonströsem Leben

Bracks Papierweltlein Pflaster draus zu schneiden
für Brandflecke
Kartenhäuser heißts bei manchen
Wo werden sie bleiben im glühnden Gewehe
Jammer nicht Brack

Wahnsinnsballett
Durchs Gigantgebläse des Monstrums
saugschlingwirbelnde Atemstöße würgende Spiralen
wälzen sich Le Ivuz Ed Rellüm
Umschlungen zu schreckverbreitender Zweiheit
Spukfiguren schreibend
Normaldumme Geister zu foltern
Tanzkunst des Grauens

Huckt auf grinst der Teufel
Sind brennstoffbündelbereit alle Rücken
Meine Straße entlangkarawanend müßt ihr zu frieren
nicht fürchten

Sagt ein Musiker
Was weiter der Turm als aufgeblähte Sinfonik

Wie Kohle schwer Asche leicht ist
Wird Wind uns forttragen

Deutschsprachdiener Brack
Was man da sagen wie man da deuten mag

Alle Seinsformen ständig bewegt
Alle flüchtigen Geister scheinbaren Grenzen
festen Werte verrückt
Alle Brackseelen ängstlich bestrebt

Erfüllung sämtlicher unzähliger Neujahrswünsche
heißt das Böse zu bewundernswerter Rarität
aufrangieren

Brack wünscht sich der Menschstäubchen im
lichtjahrtausendweiten Flackergewimmel
Verantwortung
Möchten sie in sich finden was sie außer sich
suchen
Möchten sie den Kindkindern zur Wegfreude
übergeben dürfen was ihnen von den Vorvätern
an Schätzen geschenkt scheint als Zehrung

Silvesterhimmel buntest raketendurchblitzt
Verantwortunggeplagte Geister dick in Finsternis

Bracks dunkle Burg ersehnt überquellend von
schöner Stille ergiebiger Einsamkeit
Knallsprudelnde Farbfontänen Nervzucken
voranstürmender Leichtfertigkeit

Jahreswendglocken erdröhnen
Mögen sie tönen bis in aschgraue Unendlichkeit
vom Menschen

Ein neuer Kalender
Gern schrieb er mehrfach da ein
Heut ist Bracktag

Brack begreift
Bindungen lösen Lösungen binden

Vierzigjährigem Kettentier die Fessel durchtrennt
Was wird ihm Freiheit
Fesseln in ihm
In allem

Daß der General den zukünftigen Toten die Hand
drückt

Dunkles nur dunkel vor hellem Hintergrund
Helles nur hell vor dunklem

Brack sieht glanzbunte Konjunktur als letztes
Lichtauffahlen

Brack sieht
Buntgeschminkt schwarzbezopft schleicht sich
Inflation durch die Lande

Brack sieht
Seine Ordnungen halten denen sogenannten
praktischen Lebens nicht stand
Brack fragt
Was hält stand vor menschengenannter Weltordnung

Sanftmut braucht für Spott nicht zu sorgen

Idealisten Narren
In wessen Augen

Brack sieht die andern wie sie kraft ihrer Zeit
durch alle möglichen Orte gehn
Brack bleibt in seiner Stadt
Sieht wie die Zeit durch sie geht

Brack sieht
Durch unsre Ortsveränderungen in allem Sinn
kommt das Unheil zu uns
Nein wir zu ihm
In allem Sinn

Wer wie er lebt schreibt lebt wie er schreibt
So Brack

Brack sieht
Das großgrausige Verzweiflungsdunkel mit
  winzigsilbernen Hoffnungssternen bestickt

Bracks kleine Sparsamkeit entgegengestellt
  großem Ruin

Werbebriefe Formulare Akten morden Wälder
  sieht Schnipselschreiber Brack

Vorwärts Weiter Übertrumpfen
Doch unsre Grenzen sind stark
Wer sieht den Kreis
Wer spürt das in Wahrheit für uns Zurück

Brack sieht
Die Menschen wolln spiegeln sich in Spiegeln sehn
Aber keine Spiegel vorgehalten bekommen

Wie wehnder Wahrheitshauch wenn nach langzeitlicher
  Nurstimme Auchgesicht erscheint
Wenn nach weitgedehntem Nurgesicht Auchstimme
  ertönt

Brack rät
Mit den andern sein dabei sich nicht aufgeben
Mit sich sein aber die andern nicht aufgeben

Brack durch die Stockwerke seiner Burg wandelnd
Welch Arsenal von der Welt unnützen Dingen
Hilft mit ihn vor ihr zu beschirmen
Daß es vermöchte sie vor sich selbst zu beschützen

585 Frau Rose und Rosbrack in ihren hellbevölkerten Burgen
Fröhliche Feste Ausritte Kreuzzüge
So fröhlich auch wieder nicht
Wie Brack zu sehn meint

Brack sieht Leben durch langen Flur ziehen
Endlos fast
Kein Zimmer finden keine Stätte
Oder von andern schon bezogen

Auch Dauer aus Augenblicken gebaut

Brack sieht
Mein ist nur der Moment

Im Allmeer Weltmannschaft auf brüchigem Boot
Haushalten mit kargen Vorräten
Nur nötige Nachkommen
Geist einsetzen für Überleben nicht für Zerstören
Selbst Spitzenkonsequenz etwa zu wenig
Untergang des Bootes Geistende

590 Den Schild schräg halten
Das Unheil überfällt nicht gerade

Brack sieht
In fast vorzeitliche Ferne gerückt der Kindheit kostbare Räume

Brack sieht
Zwei tagweit voneinander getrennte Gedankenbilder durch räumliche Nähe einander mit ihrem Schein überwerfend
Der Geist beider färbt sich an
Jeder nimmt gleichsam Teilchen des andren auf

Brack weiß
Aus der eigentlichen Klassik muß man nichts
machen wollen
Man muß sie nur im Gefühl des ihren
höchststehenden Schöpfern Dienens möglichst
rein zu geben suchen

Lebenslang gleich heißt dennoch täglich neu gedacht

In der alten Herrn Geschirr gehen den neuen sich
anbieten anbiedern
Brack kommt in keinem solcher Extreme auf

Brack resignierend
Welt braucht Keulen
Häuft Ehren um sie über
Zartstifte brechen ab
Ausschuß

Karawanenstraße der Menschheit kamelknochengesäumt

Für sich kann nichts sein
Ein Blatt lebt von des andern Blatt
Ein Fleisch von des andern Fleisch
Ein von des andern Geist

Modernen Unheils langzeitliche Keimfähigkeit
Keimdauer mutmaßfürchtet Brack
Enkeln Urenkeln aufschießend der Großeltern
Urgroßeltern Saat

Brack sieht
Unzufrieden mit einem Imperium
Glücklich bei hartem Brot altem Käse

Brack sieht einen Weg nur
Nicht Tyrann Genuß sondern der König des Nötigen
Wenigen Verantwortungsernsten soll Meister sein
Auf jederlei Gebiet

Die Welt kriegt Macht die Welt macht Krieg

Handlungsgrundangeber Wahnsinnige zünden
Sprengsätze an ihrem Turm
Nun ist er noch mehr bedroht wird er samt seiner
Aureole vergiftet
Le Ivuz in Hohnkrämpfen

Besser kanns mit unsrem Umuns nicht werden
Mehrtausend Jahre / ward es das nicht
Jetzt erst recht / nicht
Da das Inuns nicht stimmt

Trostsendend schön Blauhimmel Goldsonne
Brack sieht giftfettige Schwarzschwaden vom
Horizont ziehn

Woherweg Wohinziel
Böse tüchtig elit
Gut schwach brack
Satan straflacht
Weiß wessen Kinder ihr seid
In welch Gegend ihr strebt

Der Weg zur Hölle mit feinreizenden Blumen
besteckt
Wer nur sie sehn soll

Brack sieht
Allen großfurchtstreuenden Negativerkenntnissen
müssen von Ungeschriebengesetzes wegen kleine
Hoffnungspositivschwänze angeheftet werden

Gott hat nicht gehalten was er versprach
Jetzt wolln sie den Teufel

Gemessen an der großen im Raum schwebenden Moral
verdienen die Herrn des Drohenden Turms keine
Achtung

Eisregen menschgemäß Wetter
Aber wird Fieberhitze entmint

Mensch vom Vieljahresdruck annähernd rund geprägt
Dran die Frage / ob das vollendete Werk / fraglos
begrüßenswert sei

Brack weiß für sich
Besser lassen als regen
Gelassenheit erstrebenswert
Nicht Erregung
Dies gesamtgeltend

Jedes zerdrückte Herz sät Unfriedenblut

Informationsdiktatur Wissenmachtreichtum
Brack sieht Mensch nicht im Bild

Mitläufer murmelt
Hab ichs in Böszeit gemußt sei mirs in Gutzeit
gegönnt

Brack erfährt
Eigenhändigem Narren die der andern abwehrend
erhoben

Unser Jahrhundert sagt Brack
Fürstet auf den Bösen zum Heilbringer

Des Turms nervzerzuckende Spukbilder
Die ganze Nacht über schrein sie Bracks
regelmäßige Unruh in grellgellendes Fieber

Bedrohdrückende Ordnung in der großen Unordnung
Tückischstes für Bracks Seele
Leider in seiner Burg gleichfalls

Durch Verbrauchmarktbuntfülle eilen hört Brack
Unzufriedenheitsklagen Übersättigungsseufzer

Gegen Schwarzöl des Leidens Sterbens im
Lebensmeer Mensch benutze Vernunft
Die armen Vögel hilflos

Absatzsorgen fürs Wesenwürdige
Etwa bald Talsohle erreicht
Künstler exaltiere sich
Falsch triumphiert

Menschfitz Mistelnest im Weltenbaum

Wie immer Gott hochgespielt werden sollte
Zu schlechter Letzt hat der Teufel ein As
im Ärmel

Was alles gelebt haben mag vom verölten Meer
Jeder tote Vogel zuviel

Schmerzen empfinden die einen
Seelenbefindlichkeit sagen die andern

Bracks Burg Räumnis dessen was Frau Welt rosige
rostige Welt nicht versteht

Außerhalb von Bracks Burg glanzfarbprangender
Luxus in keinem Verhältnis zur Glückseligkeit
ihrer Benutzer

Recht verwirklichen wollen
Recht verwirken müssen

Bracks Burg im Riesenschatten des Drohturms
Blinzelnde Maus vor tausendäugigem Gigantgötzen

Brack im Burgdunkel träumt von annähernder
Endfassung seiner Schleifen und Punkte
Arbeitet dran

Brack langen Wegs durch seine alte Stadt
Kaltschmutzige Straßen
Einfallender Abend
Lampen dann
Wie anders die Stadt als die seiner Kindheit
Als die Städte farbiger Flackerbilder

Brack in sich hört altes Lied
Die Seele ist in Kinderland und Kinderland kam
weit abhand

Brack erstrebt
Auf den andern leisfühlend einhören
Nicht erdrückend

Fliegender Lichtschein durch schwarze Nachtleinwand huschend
Seelen welcher längst gestorbnen Welten

Brack fragt
Woher soll ich wissen wie mir am Abend sein wird
Was danach ich zur Nacht sagen werde

Nachtblau über den Dächern
Drunter löscht Maßwilligkeit gelbe Fenster weg

Aus dem Weltnachtei kriechend welch grauer Morgen
Bleifarben bleiern reifender Tag

Brack plagt
Je kälter die Nächte so ferner die Sterne

Das helle Fenster
Draußen unter Lampen auf endloser Straße fließen Autotrümmer vorbei

Dunkelburgherr Brack sieht sie da liegen im gedehnten Land die zahllosen vom Zeitenfluß umfahrnen Burgruinen
Abendwolken drüber

Weltherr läßt er gleich Lab rinnen schickt Müh Wirr Weh
Einem seiner geringsten Ichs erscheint immer Bracksal

Bracks alle Jugendwege zwei Altersstraßen malen das vielspeichige Radspinnenkreuz
Fundament seiner Burg

Brack fragt
Schreibt getreuer Stift für alle andersartigen
Augen
Getreue Schleifen Punkte werden zu andersartigen
Mögen sie achselzuckt Brack

Nachtgeister regiert feuerfressendes Kältegespenst

Brack sehr fragend hört Aufrufe zu mehr
Menschlichkeit im Krieg
Frau Roses Kommentar
Schießt freundlicher

Brack andres malend vergißt freilich sein
Selbstaussehn Bild des Vaters
Aber auch Rosbrack Bild seines Vaters
Hoffentlich

Minute um Minute tropft ins Gewesen
Mitternacht längst Vergangenheit
Mit zunehmender Stundenschlagzahl steigend
Verzweiflung
Trügerisch Trosteinsamkeit

Schutzlose Seele am Boden
Wie mondgemalt schrägbleiches Fensterviereck

Brack zweifelt daß Wissenschaftler errechnet
haben durch welch dunkle Türen über welch
schwarzschweigende Schwellen in welch
reglose Reiche wir werden gehn müssen

Die Seele verbrennen Wärme zu gewinnen

Brack spürt Harmoniegefühl
Sollten wirs gehabt haben
Wenn wirs nicht haben werden wirs nie haben können

Leere ist leer
Sei sie noch so groß noch so gewaltig

Überheblichkeit vor Gefühlen
Kanonen vor Blumengärten

Blauhimmel Sonne
Trockenstaubig schneelose Kälte
Brack und Frau Rose zurück vom Gang über frostigen Friedhof
Zurück von sonntagfrühnachmittäglichem Südvorstadtspaziergang
Rückkehr sieht Gewohntes mit andren Augen
Findet Gewohntes anders
Kleiner

Nicht auf vorgeschobnem Posten hockt die letzte Bastion verlaßnen Geländes hält Brack
Trotz allem

Generals Leitspruch
Blutiges Schwert gleitet leichter in die Scheide zurück

Brack durch eisige Kälte erinnert an Weltraum Menschkleinheit

Unfaßbar zahllose Sternchen verdecken lindern das große Leid
Feines Geflitter

Der rote Faden
Blutspur im Schnee der Jahrhunderte

Eisiger Schreck nach langer Schneewanderung
Vereisschneiter Wegweiser zeigt dorthin wo wir
herkommen

Brack weiß wie bedroht gefährdet unsre
durchscheinende Haut von austrocknendem Frost
Von nahliegend größrer Möglichkeit des
Verbranntwerdens

Eisblumen wachsen an den Fensterscheiben von
Bracks Burg
Ranken sie zu für tausend Jahre

Des Turms unbändiges Leben dagegen
Von Rauchpilzen eingefaßt

Brack in kaltkalkigem Burgkeller beschlagendem
Spiegel sieht sich reporterhaft
Zeitdehnend
Verkündend offenbar schon Gedrucktes

Brack am Ende sieht
Seine Scheiben zu dünn seine Fundamente zu
schwach
Und seine Räder zu klein projektiert zu
zaghaft

Brack ohnehin müde zu rühren im Topf der
Gedanken Wörter
Schließt den Deckel
Schaut an einfallenden Abend

Brack von seiner ehemaligen Schule blickt über die liebalte Stadt im Abenddunst
Baumkuppeln Schornsteinfinger Kirchhelme Hochkasernen Dachstufen
So sein Ichleben
Von Dämmerschleiern durchflossen

Brack weiß
Reichste Welten gehn
Unsre Sterne solln bleiben
Menschewiger Sternenschein

Brack sieht seine Papiere durch
Nicht vieles gut
Das End sei es

Bracks Papiere
Im Gehn und Wachliegen geschrieben

Bracks Papiere
Eine aus Farbspiegelscheibchen gekittet sich drehende Warnkugellampe

Bracks Papiere
Spiegel seines innengewordnen Umihn

Bracks Papiere
Kramkiste für den Abendlichtnachdenklichkeitsfreund

Brack beendet seine Aufzeichnungen
Faltet die Papiere zusammen
Schnürt sie zum Bündel
Trägt sie unters Dach ists der Keller zu den
andern verstaubten
Nun auch staubgeweiht
Schluß dies Weltleinlebens
Besteigt den höheren dann der Türme seiner Burg
Den Strengen
Schaut auf zur Nacht zum Sternenheer

Dona nobis pacem.

Inhaltsübersicht

Turm und Schurk 5

Das erste Viertel
Burg Nebst Überlegungen 7

1 Dunkles Wesen 9
bis
169 Danke jeder Nacht 28

Das zweite Viertel
Der Turm Die Gespenster **29**

170 Nicht was es wert ist 31
bis
338 Aus zwei drei 51

Das dritte Viertel
Befürchtungen Auch Behauptungen **53**

339 Ruhiger würd Frau Welt 55
bis
507 Der aus Mangel kommt 76

Das letzte Viertel
Nurmehr Burg **77**

508 Sollte Bracks Außenum 79
bis
676 Brack beendet 99